Servus

Das große kleine Buch

Jakob Maria Berninger

STIFT MELK

Das barocke Welterbe in der Wachau

Inhalt

Einleitung

Naturraum und Lebensader – das ist die Donau den Österreichern schon, seit sie sich hier angesiedelt haben. Heute leben rund um das artenreiche Donautal fast die Hälfte der Einwohner des Landes, die meisten davon in und um Wien, wo der Fluss für ein einzigartiges innerstädtisches Naherholungsgebiet sorgt und gleichzeitig geschütztes Refugium für Flora und Fauna ist. Bevor die Donau jedoch nach dem Grenzübertritt beim bayerischen Passau auf ihrem Weg nach Westen auf die österreichische Hauptstadt trifft, durchquert sie noch eine andere Region, die längst nicht nur Weinliebhabern aus der ganzen Welt ein Begriff ist: Seit dem Jahr 2000 gehört die Wachau zu der erlesenen Gruppe der UNESCO Kultur- und Naturerbestätten. Hier wachsen die berühmten Marillen und wird der nicht minder berühmte Wein angebaut, hier kann man sich in den Ruinen der Burgen Dürnstein und Aggstein auf die Spuren mittelalterlichen Lebens und Kämpfens begeben. Und hier befindet sich im kleinen Städtchen Melk am rechten Donauufer, das auch das Tor zur Wachau genannt wird, eine der schönsten Barockanlagen Europas.

40 Meter über der Stadt thront auf einem Felsplateau das Stift Melk, seiner Lage und Größe wegen ist es von weithin sichtbar. Es ist Wahrzeichen, Sehenswürdigkeit und vor allem spirituelles Zentrum der Region und erzählt als solches eine Menge über deren Entwicklung, reicht doch seine Geschichte fast 1000 Jahre weit in die Landesgeschichte Österreichs zurück und ist mit dieser auf untrennbare und mitunter ganz erstaunliche Weise verknüpft.

Doch das Stift ist weit mehr als ein pittoreskes Gebäude mit gewaltiger historischer und christlicher Dimension, seit jeher ist es auch ein Ort für die Bewahrung und Weitergabe von Wissen und Kultur: Die Klosterbibliothek beherbergt derzeit rund 100 000 Bände – darunter wertvolle Inkunabeln und Handschriften –, auf ihren drei Etagen finden nicht nur architektonische Besonderheiten wie die hinter Regalen verborgenen Lesekojen, die einst für das Studium der alten Schriften genutzt wurden, Platz. Das Stiftsmuseum und die Mineraliensammlung gehören ebenfalls zum gewaltigen Schatz des Klosters, und das Wissen steht auch im Stiftsgymnasium, der ältesten höheren Schule Österreichs mit über 900 Schülern, im Vordergrund. Der Stiftspark mit seinen drei Ebenen und dem barocken Pavillon schließlich ist der Natur gewidmet und dient nicht nur den Mönchen als Ort der Zerstreuung und Kontemplation, sondern auch den rund

500 000 Besuchern aus aller Welt, die jährlich anreisen, um das Gesamtkunstwerk mit eigenen Augen zu sehen. Einem umfangreichen Programm aus Veranstaltungen, Konzerten und Kunst ist es außerdem zu verdanken, dass sich Stift Melk inzwischen auch zu einem wichtigen Kulturzentrum in Niederösterreich entwickelt hat.

Seit seiner Gründung im Jahr 1089 ist das Stift Zeitdokument und Wirtschaftsfaktor, es ist Fotomotiv und Ort des Gebetes, Arbeitsplatz und Archiv. Vor allem aber ist es ein Ort zum Innehalten – und Staunen.

CLOSTE

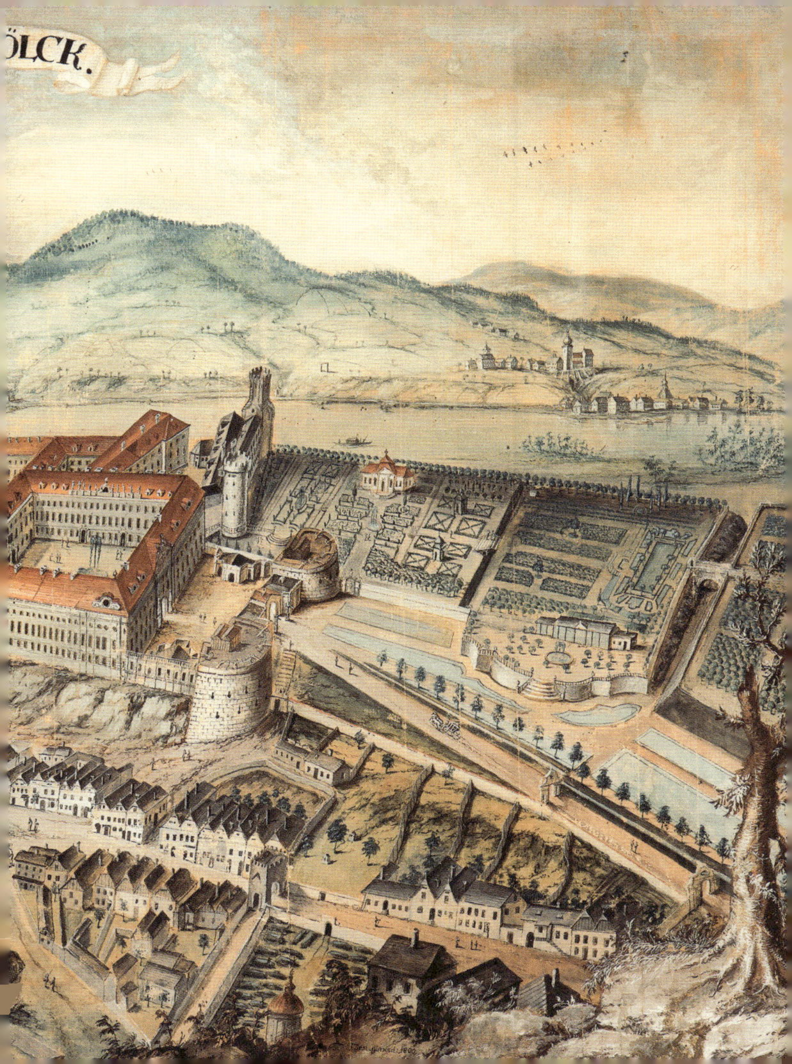
ÖLCK.

Die Stiftsgeschichte

Von der Festung zum Kloster

Der Granitfelsen am rechten Donauufer, auf dem heute eines der berühmtesten und repräsentativsten Barockklöster Europas steht, dürfte schon lange vor der Stiftsgründung vor fast 1000 Jahren besiedelt worden sein. Funde von Werkzeugen und Waffen aus der Jungsteinzeit sowie der Bronzezeit belegen, dass sich bereits vor bis zu 4000 Jahren menschliche Siedlungen in der Nähe der heutigen Gemeinde Melk befanden. In den darauffolgenden Jahrtausenden wurde die Region immer wieder erobert und wechselte so mehrfach ihre Herrscher. Das Plateau am Fluss war umkämpft: In den Jahrhunderten rund um Christi Geburt eroberten die Römer das heutige Österreich und errichteten hier die Provinzen Noricum und Pannonien. Entlang der Donau, die schon damals wichtiger Dreh- und Angelpunkt der ansässigen Menschen war, entstand eine römische Siedlung, im 5. Jahrhundert nach Christus eroberten dann die Germanen das Gebiet. Wenige hundert Jahre später wurde es unter Karl dem Großen dem fränkischen Reich angeschlossen. Kurz vor der ersten Jahrtausendwende schließlich wurde Melk Teil der österreichischen Mark, in der die Babenberger die Macht innehatten, jenes Herrschergeschlecht, das den Habsburgern vorausging. Auf dem heutigen Klosterfelsen dürfte sich schon damals eine Burg oder Festung befunden haben, die die Mark nach Osten hin absichern und verteidigen sollte. Die Babenberger nutzten diese bevorzugt als Grablegungsstätte. Erst 1968 wurde das vermutete Grab der Babenberger in Melk geöffnet und die Gebeine untersucht. Die Ergebnisse bewiesen, was die Wissenschaft bis dahin nur vermuten konnte: Zahlreiche Personen aus dem Herrschergeschlecht hatten im 10. und 11. Jahrhundert nach Christus in Melk ihre letzte Ruhe gefunden.

Im 11. Jahrhundert markierte eine folgenschwere Verwechslung einen Meilenstein in der Geschichte des Stiftes Melk. Der Legende nach befand sich der irische Königssohn Koloman auf Wallfahrt nach Jerusalem, als er in der Gegend um Stockerau als Fremder auffiel und fälschlicherweise für einen Spion gehalten wurde. Koloman wurde daraufhin festgenommen und hingerichtet, sein Leichnam wurde zunächst in Stockerau beerdigt. Bald schon erkannten die Bewohner in dem zu Unrecht Hingerichteten jedoch einen Heiligen und verehrten ihn als Märtyrer. Der Babenberger Markgraf Heinrich I. ließ seinen Leichnam daraufhin im Jahr 1014 nach Melk überführen und hier bestatten. Heute ist der Heilige Koloman Patron der Reisenden und Pilger, er ist außerdem der Schutzpatron des Klosters sowie der Stadt Melk.

Melk wurde also zur letzten Ruhestätte des Heiligen, damit war die religiöse Bedeutung des Ortes gewissermaßen besiegelt. Verstärkt wurde dies noch durch ein besonders wertvolles Geschenk, das wenige Jahrzehnte nach Kolomans Tod seinen Weg nach Melk fand: Ein Splitter vom Kreuz Jesu gehört auch fast ein Jahrtausend später zu den wertvollsten Besitztümern des Stiftes.

So wurde die Burganlage an der Donau also im 11. Jahrhundert mehr und mehr zu einer Pilgerstätte und einem Ort des Gebets, mit den Kanonikern hatte sich bereits eine Gruppe von

Priestern angesiedelt. Gleichzeitig verlor sie im Zuge der Erweiterung der Mark nach Norden und Osten an militärischer Bedeutung. Das Jahr 1089 markierte den Beginn des heutigen Stiftes: Markgraf Leopold II. stiftete, daher auch der Name, die nicht mehr benötigte Festungsanlage einer Gruppe von Benediktinermönchen, die gemeinsam mit ihrem Abt Sigibold aus dem Ort Lambach im heutigen Oberösterreich nach Melk übersiedelten. Die Mönche um Abt Sigibold nahmen das Klosterleben nach den Regeln des Heiligen Benedikt auf. Die erste Niederschrift dieser Ordensregeln entstand bald nach dem Umzug und gehört heute zum Bestand der Klosterbibliothek. Das Manuskript ist damit fast 1000 Jahre alt.

Ausgangspunkt für eine neue Ordnung

Die Babenberger hatten sich in der Zwischenzeit in Wien niedergelassen, damit schwand auch das politische Gewicht des Ortes zusehends dahin. Indessen bauten die Mönche das nunmehrige Kloster zu einem spirituellen Zentrum der Region aus, das sich auch um Seelsorge, Kultur und das Studium des Geistes kümmerte. So wurde eine Schreibstube errichtet und schon im Jahr 1160 die Schule, die bis heute in Betrieb ist, zum ersten Mal in einem handschriftlichen Fragment erwähnt. Das Stift erlebte damit seine erste Blütezeit, die erst im späten 13. Jahrhundert jäh unterbrochen wurde: 1297 fegte ein Brand durch die Anlage, dem alle Gebäude einschließlich der Bibliothek zum Opfer fielen. Obwohl einige Fragmente und Handschriften gerettet werden konnten, dürfte ein Großteil der bereits zum damaligen Zeitpunkt stattlichen Sammlung in den Flammen vernichtet worden sein.

Kirche und Wohngebäude wurden danach provisorisch wieder aufgebaut, doch mit dem Brand und dem Wechsel in das 14. Jahrhundert begann auch in Melk eine dunkle Zeit: Die Pest verbreitete sich in ganz Europa und forderte Millionen Opfer, Naturkatastrophen und Ernteausfälle sorgten zusätzlich für verheerende Zustände in der Bevölkerung, und auch die Kirche bot nur noch wenig Halt, denn ihre Anhänger waren zerstritten und im Zuge des Großen Schisma in zwei Lager zersplittert. Das Konzil von Konstanz sorgte im frühen 15. Jahrhundert zumindest teilweise für Ordnung in der angespannten und unruhigen Lage. Auch wenn einige der angestrebten Ziele nicht erreicht wurden, einigte man sich auf eine dringend notwendige Reform, die ihren Ausgangspunkt und ihr Zentrum im Melker Kloster hatte – die sogenannte Melker Reform war Anstoß für eine umfassende Neuordnung in den Klöstern des österreichischen und süddeutschen Raumes.

Erneut wurden daraufhin strenge Regeln für das Leben im Benediktinerorden festgelegt, der ehemalige Rektor der Wiener Universität, nunmehr selbst Benediktinermönch in einem Kloster nahe Rom, wurde nach Melk entsandt und festigte so die für die folgenden Jahrzehnte und Jahrhunderte wichtige Verbindung zwischen Kloster und Hochschule. Die Regeln der Melker Reform fanden unterdessen bald Nachahmer, und das Kloster schwang sich so erneut zu einem bedeutenden Vorbild und Zentrum für Glauben, Wissenschaft und Lehre empor. Ein großer Teil der heute in der Bibliothek gehüteten Inkunabeln und Handschriften entstand in dieser Zeit. Obwohl das Kloster wirtschaftlich auf nicht gerade sicheren Beinen stand, wurde eine neue Stiftskirche errichtet und 1429 geweiht.
Schon ein kurzer Blick in die Geschichte genügt, um zu ahnen, dass es nicht bei der aufstrebend-positiven Tendenz bleiben sollte, denn im folgenden Jahrhundert wurde nicht nur das Melker Kloster, sondern das gesamte Christentum erneut schwer erschüttert. Luther veröffentlichte seine 95 Thesen und löste damit eine Revolution aus: Im Zuge der Reformation zersprang die Gesellschaft in zwei konfessionelle Lager. Gleichzeitig sorgten die Türkenkriege dafür, dass das Kloster um viele seiner Besitztümer, vor allem in und um Wien, erleichtert wurde, was die ohnehin angespannte wirtschaftliche Lage noch prekärer machte.

Im Jahr 1566 war das Kloster so deutlich geschrumpft, dass es beinahe verschwunden wäre. Es zählte nur noch acht ansässige Mönche, die es mehr schlecht als recht am Laufen hielten.
Ein letzter Rettungsversuch gelang schließlich: Mithilfe einer Handvoll gut gebildeter und den Grundsätzen der Melker Reform verpflichteter Mönche aus Süddeutschland lebte das Kloster langsam wieder auf. Die katholische Reform sorgte zusätzlich für wieder steigenden Zuspruch aus der Bevölkerung.

Heute ist diese erneute Blütezeit des Klosters, die auf die Beinahe-Schließung folgte, untrennbar mit einem Namen verbunden: Abt Kaspar Hofmann sorgte für einen umfassenden Aufschwung. Verbessert wurde nicht nur der wirtschaftliche Zustand, sondern auch die Qualität der Lehre und Ausbildung, was wiederum eine veritable Schar Gläubige zur Folge hatte, die in das Kloster eintreten und dort lernen und lehren wollten. So setzte sich eine zweite Melker Reform in Gang, mit der die Mönche hoffnungsfroh in jenes Jahrhundert starteten, das bis zum heutigen Tag das bedeutendste der Geschichte des Stiftes Melk ist.

Ein Monument entsteht

Die wiederhergestellte spirituelle, wirtschaftliche und wissenschaftliche Signifikanz des Melker Klosters sollte sich auch optisch sofort zeigen – das zumindest dürfte der Grundgedanke jenes Mannes gewesen sein, der den Grundstein für den heutigen Anblick der Anlage legte. Berthold Dietmayr war erst 30 Jahre alt, als er zum Abt gewählt wurde. Es mag also auch der Reformwilligkeit, manche würden sagen: dem jugendlichen Leichtsinn, eines jungen Mannes geschuldet sein, dass er gleich nach seiner Wahl seine Pläne für eine umfassende Umgestaltung der Kirche vorstellte. Zur Seite stand

ihm dabei der österreichische Barockbaumeister Jakob Prandtauer. Doch schon kurz nach Beginn der Renovierungsarbeiten an der Kirche, im Zuge derer Sakristei und Hochchor erneuert wurden, beschlossen die beiden Männer einen neuen Plan, der weit über Renovierungsarbeiten und kleine Umbauten hinausging. So stand bald fest: Das gesamte Kloster samt Kirche würde im zeitgenössischen Stil des Barock neu errichtet werden.

Zweieinhalb Jahrzehnte lang stand Jakob Prandtauer dem Neubau der Anlage vor, nach seinem Tod im Jahr 1726 übernahm sein Schüler Josef Munggenast. Für die Ausgestaltung der Innenräume – von den Deckenfresken bis zu Stuck- und Marmorarbeiten – konnten namhafte Künstler aus nah und fern gewonnen werden. Abt Dietmayr dürfte ein Meister der Überzeugung gewesen sein und scharte nur die Besten ihres Faches um sich. Darüber hinaus war er aber augenscheinlich auch seiner Zeit voraus und dem heute besonders modernen Wert der Regionalität verpflichtet, denn er sah sich mit Vorliebe in der unmittelbaren Umgebung nach geeigneten Handwerksmeistern um. Doch sein Tatendrang hatte bei Weitem nicht nur Anhänger: Eine Gruppe Ordensmänner aus seinem eigenen Konvent wandte sich gar mit einer Beschwerde über Dietmayr und seinen Neubau an den Kaiser, wurde aber abgewiesen. 1738 war ein Großteil der Arbeiten abgeschlossen – doch wieder war es ein schwerer Schicksalsschlag, der die

Geschichte des Stiftes beinahe erneut in eine ganz andere Richtung gedreht hätte. Noch dürften die Farben nicht getrocknet und Baugerüste nicht abgebaut gewesen sein, als ein Feuer ausbrach, dem die nagelneuen Kirchtürme, Teile des Klosters sowie alle Dächer zum Opfer fielen. Abt Dietmayr gab umgehend die Anweisung zum Wiederaufbau der beschädigten Gebäudeteile, erlebte deren Fertigstellung aber nicht mehr. Die Aufzeichnungen erzählen von einem müde und alt gewordenen Mann, dem das in seinem Lebenswerk wütende Feuer die letzte Kraft geraubt hatte. Er starb 1739. Doch wie es immer schon gewesen war in Melk, gab man sich nicht geschlagen. Der neue Abt ließ die beiden Kirchtürme Stein für Stein wieder aufbauen, der Gartenpavillon wurde errichtet und die verbrannten Repräsentationssäle repariert. In den 40er-Jahren des 18. Jahrhunderts war es schließlich so weit und der barocke Neubau erstrahlte in seinem heute bekannten Glanz. Doch nicht nur optisch war man damit in eine neue Zeit aufgebrochen, auch innerhalb der neuen Mauern bewegte sich Einiges weiter: Forschung und Lehre standen ganz im Geiste der aufkommenden Aufklärung und prägten das klösterliche Leben maßgeblich. Was in der Wissenschaft Rang und Namen hatte, versammelte sich zum Studium in Melk, und die Mineraliensammlung wurde angelegt.

Der Weg in die Gegenwart

Wirklich zur Ruhe kam man am Hügel an der Donau aber auch inmitten des prunkvollen neuen Baus nicht, denn Napoleonische Kriege, die Säkularisierung im Zuge des Josephinismus und damit einhergehende Veränderungen in der Verwaltung und den Aufgabenbereichen brachten das Stift erneut in personelle und auch finanzielle Schräglage, die ihren Höhepunkt rund um das Revolutionsjahr 1848 erreichte. Doch auch diese Notsituation wurde mit vereinten Kräften gemeistert und der Barockbau in der zweiten Hälfte des 19. Jahrhunderts zum ersten Mal seit seiner Errichtung renoviert. So erreichte das erneuerte Gebäude das 20. Jahrhundert, in dem zunächst wiederum entscheidende Arbeiten an der Anlage im Vordergrund standen. Kanalisation und elektrische Leitungen wurden verlegt, die Inflation nach dem Ersten Weltkrieg sorgte jedoch dafür, dass das Stift sich von einigen seiner wertvollsten Besitztümer trennen musste – so wechselte eine Gutenberg-Bibel, die bis dahin Teil der Bibliothek gewesen war, zugunsten der Modernisierung ihren Besitzer. Während des Zweiten Weltkrieges mussten die Patres laufend die Schließung des Klosters fürchten, doch das Glück war an ihrer Seite. Obwohl Teile der Anlage enteignet und kurzfristig zweckentfremdet wurden, überstand das Gebäude den Krieg weitgehend unbeschadet.

Als die Welt wieder etwas zur Ruhe gekommen war, war es auch in Melk an der Zeit, Reformen und Neuerungen auf den Weg zu bringen. Die zum Kloster gehörenden Betriebe wurden effizienter gestaltet und an die sich ständig verändernden Ansprüche des fortschreitenden 20. Jahrhunderts angepasst. Ein entscheidender Umbruch betraf dabei das Gymnasium, denn nicht nur wurden bauliche Erweiterungen umgesetzt, von nun an durften auch Schülerinnen im ehrwürdigen Gebäude lernen. Die Mönche widmeten sich zusätzlich verstärkt einer ihrer primären Aufgaben: Veranstaltungen und Angebote rund um die Seelsorge wurden großzügig erweitert. Gleichzeitig marschierte das Stift ab den 1970er-Jahren vor allem dank Abt Burkhard Ellegast, der ihm mehr als ein Vierteljahrhundert vorstand, in Richtung Zukunft: Die Kirche sollte sich den Menschen öffnen und ihnen Zufluchtsort sein und Gelegenheiten zur Reflexion bieten.
Unterdessen nahmen einmal mehr die Handwerker ihre Arbeit auf, und sowohl Innenräume wie auch das äußere Erscheinungsbild wurden renoviert. Dass es in einem derart riesigen, 250 Jahr alten Gebäudekomplex immer etwas zu tun gibt, beweist auch die unmittelbare Gegenwart: Nach Fassade, Tor und Höfen steht derzeit die vollständige Renovierung der Bibliothek auf dem Programm. Diese soll um das Jahr 2032 abgeschlossen sein. Im neuen Jahrtausend schließlich öffnete sich das Stift auch unter Abt Georg Wilfinger weiter

der Öffentlichkeit, zahlreiche Kulturveranstaltungen führen Gäste jeder Couleur in die Anlage, sakrale Kunst wird dabei stets um weltliche ergänzt.

Im Inneren

Egal, von welcher Seite man sich dem Barockbau des Stiftes Melk nähert – es ist ein imposanter Anblick: Von der Donau im Westen aus sieht man zuerst die Altane und die beiden Kirchtürme mit der dahinter liegenden Kuppel, die sich über der gelb-weißen Fassade erheben, vom Parkplatz im Osten liegen Garten und Haupttor dem Besucher im wortwörtlichen Sinn zu Füßen. Die prunkvolle Außenansicht mag dabei bereits auf das nicht minder prächtige Innenleben der Gebäude hinweisen, der schieren Größe und Kunstfertigkeit des Interieurs wird aber erst gewahr, wer sich auch ins Innere begibt. Seit Jahrhunderten sind die Gebäudeteile verschiedenen Zwecken gewidmet – Herzstück und Zentrum der Anlage ist freilich die Kirche.

Die Stiftskirche

Einst stand an der Stelle des vom Architekten Jakob Prandtauer entworfenen Prachtbaus eine gotische Kirche. Deren geplanter Umbau wuchs sich ab 1702 unter Abt Dietmayr zum kompletten Neubau aus. Es sollte mehrere Jahrzehnte dauern, bis das neue Gotteshaus errichtet war, und der Brand unmittelbar nach der Fertigstellung sorgte für weitere Jahrzehnte mühevoller Arbeit. Danach aber zeigte die Kirche jene klassischen Merkmale der barocken Bauweise, denen das Stift heute seine Berühmtheit verdankt. Dazu zählt etwa der Fokus auf Symmetrie, der in der ganzen Anlage zu finden ist. Das auffälligste Charakteristikum ist die mächtige Kuppel.

Die Opulenz der Architektur des frühen 18. Jahrhunderts wird im Inneren der Kirchenmauern am deutlichsten: Hier dominieren Gold und ihm verwandte Farben wie Ocker und Orange sowie Materialien wie Marmor und dunkles Holz. In jeder Nische und in jedem Quadratzentimeter der Wände und Decken finden sich außerdem symbolreiche Werke aus allen Sparten der Kunst – von der Architektur über die Bildhauerei bis zur Malerei. Die prunkvolle Ausstattung entsprach damit nicht nur den Merkmalen des Barock, sondern auch der damals vorherrschenden Überzeugung, dass die Kirche schon deshalb mit allen zur Verfügung stehenden Mitteln möglichst prächtig gestaltet werden müsse, weil sie die Repräsentanz Gottes auf Erden sei. Die vielen Goldverzierungen und Details bestehen allerdings nicht aus massivem Gold, sondern sind großteils Schnitzarbeiten, die mit Blattgold geschmückt wurden.

Während Jakob Prandtauer in enger Zusammenarbeit mit Abt Dietmayr für die äußere Erscheinung der Kirche sorgte, wurde die Ausgestaltung des Innenraumes einem anderen Profi seiner Zeit überlassen: Der italienische Dekorationsmaler und Architekt Antonio Beduzzi war zuvor in ganz Österreich tätig gewesen: Gebäude in Salzburg, Oberösterreich und Wien trugen seine Handschrift. In Melk zeichnete er nicht nur für das Kirchenportal, die Altäre und zahlreiche

innenarchitektonische Details verantwortlich, sondern entwarf nach dem theologischen Programm von Abt Dietmayr auch das Fresko der Kuppel. Umgesetzt wurde es durch den Salzburger Maler Johann Michael Rottmayr, der zu jener Zeit zu den meistgeschätzten Barockmalern des Landes gehörte. Er realisierte das Gemälde in luftiger Höhe – zwischen dem Boden und dem höchsten Punkt der Kuppel liegen 64 Meter – das in der für die Malerei des Barock typischen Farbenpracht und Detailgenauigkeit neben Gott, Jesus Christus, dem Heiligen Geist und Maria auch Apostel und zahlreiche für das Stift Melk bedeutsame Heilige zeigt.
Den wichtigsten unter ihnen ist die Kirche gewidmet, so sind Petrus und Paulus als aus Holz geschnitzte, lebensgroße Skulpturen auf dem Hochaltar zu sehen. Die beiden Heiligen stehen dabei auch für das Grundthema der Melker Kirche, das an der Inschrift über dem Altar prangt: *Non coronabitur, nisi legitime certaverit* – Wer nicht rechtmäßig kämpft, wird nicht gekrönt. Der Bibelspruch bezieht sich dabei einerseits auf den Märtyrertod der beiden Apostel, die im Kampf für ihren Glauben starben, andererseits symbolisiert er auch die Widrigkeiten des Glaubens an sich und den sich lohnenden Kampf dafür.

Wendet man sich vom Mittelschiff zu den Seiten, begegnet man jenen Männern, die die größte Bedeutung für die Grün-

NON
CORONABITUR
NISI LEGITIME
CERTAVERIT

dung und den Fortbestand des Melker Klosters innehaben: Der linke Seitenaltar ist dem Heiligen Koloman gewidmet, dem Patron des Klosters, aber auch aller Reisenden und Pilger, dessen Gebeine sich im hier platzierten Sarg befinden. Ihm gegenüber befindet sich das symbolische Grab des Heiligen Benedikt von Nursia, dem Begründer des benediktinischen Mönchtums, dessen sterbliche Überreste sich in Montecassino befinden. Das von ihm 529 nach Christus nördlich von Neapel gegründete Kloster gilt als die Wiege der Benediktinerorden. Wer den Blick nach oben auf die Decke des Langhauses richtet, erkennt den Heiligen im von Johann Michael Rottmayr geschaffenen Fresko in vielfacher Ausführung. Mehrere Darstellungen zeigen in dem farbenprächtigen, von goldverziertem Stuck eingerahmten Fresko den schwarz gekleideten Mönch Benedikt mit langem Bart auf seinem von Engeln gesäumten Weg in den Himmel. Die Darstellung geht auf die Erzählung zweier Ordensbrüder zurück, die Benedikt einst beobachtet haben wollen, wie er von einem Engel begleitet über einen hell erleuchteten Weg in den Himmel aufgestiegen sei.

Egal wo man hinsieht in der Melker Stiftskirche, findet sich die reiche Symbolik der künstlerischen Interpretationen, von allegorischen Darstellungen christlicher Werte und weltlicher Laster über figurale Darstellungen der alttestamentarischen Propheten bis hin zu pragmatischen Gegenständen,

die trotz ihrer Zweckmäßigkeit nicht minder kunstvoll sind: Sogar das Kirchengestühl gilt als Musterbeispiel für Holzarbeiten des 18. Jahrhunderts.
Bei all ihrer Schönheit und Pracht erfüllt die Kirche aber auch heute, zweieinhalb Jahrhunderte nach ihrer Errichtung, noch ihre angestammte Aufgabe: Jeden Sonn- und Feiertag wird eine öffentliche Messe gefeiert, wochentags stehen die Türen der Sommersakristei zur morgendlichen Messe offen, und auch zum täglichen Mittagsgebet der Mönche sind Gäste das ganze Jahr hindurch eingeladen. Im Rahmen diverser Kulturfestivals kann im Gotteshaus aber auch Konzerten gelauscht werden.

Die Bibliothek

Von Anfang an, seit die Benediktiner im Jahr 1089 das Kloster besiedelt hatten, sahen sich die Patres auch als Hüter und Vermittler von Wissen. Bibliothek und Stiftskirche liegen im Westteil der Anlage direkt nebeneinander und sind die wichtigsten Einrichtungen des Stiftes. Miteinander verbunden sind sie durch ein besonders eindrucksvolles architektonisches Detail: die barocke Wendeltreppe mit ihren üppigen Verzierungen.

REINIGEN VERBOT

Mit der Gründung des Klosters im 11. Jahrhundert wurden auch Schreibstube und Bibliothek eingerichtet. Der Sammlung eilte bereits kurze Zeit später ein Ruf voraus, der sich heute nur mehr in Ansätzen erahnen lässt, denn im verheerenden Feuer von 1297 verbrannten die Räumlichkeiten und mit ihnen ein großer Teil der Sammlung. In den Jahrhunderten danach wurde jedoch stetig – und erfolgreich – daran gearbeitet, diese wieder aufzubauen. Heute befinden sich in den insgesamt 12 Räumen der Bibliothek rund 100 000 Werke, darunter rund 1800 Handschriften sowie 750 Inkunabeln, also sogenannte Wiegendrucke, die ab der Erfindung des Buchdrucks mit beweglichen Lettern durch Gutenberg bis zum Jahr 1500 hergestellt wurden. All diese alten Schriften haben größten historischen Wert, sind sie doch ein beeindruckendes Zeitdokument und bilden sowohl den Wissensstand wie auch die Schreib- und Gestaltungskunst der Jahrhunderte ihrer Entstehung ab.

Der zweigeschossige Hauptsaal ist der größte der Bibliotheksräume und öffentlich zugänglich, er beherbergt rund 10 000 Bücher aus dem 16., 17. und 18. Jahrhundert und steht der prunkvollen Kirche im angrenzenden Gebäudeteil optisch um nichts nach: Dunkle Holzregale mit Goldverzierungen, zahlreiche Schmuckelemente und die detaillierte künstlerische Ausgestaltung der Räumlichkeiten bestimmen das Bild. Nicht umsonst wurde der Saal schon in früherer Zeit als Repräsentationsraum genutzt. Aufmerksamen Beobachtern fällt bei der Betrachtung der Sammlung in den Regalen sofort auf, dass die Bücher einheitlich gebunden sind, eine in der Zeit des Barock übliche Praxis. Ihr Inhalt beschränkt sich dabei nicht nur auf religiöse Themen – neben Bibeln und theologischer Fachliteratur finden sich hier auch Werke und Lexika aus natur- und rechtswissenschaftlichen Disziplinen. Auf dieses Programm weisen auch jene Figuren hin, die Eintretende zu den Seiten der Türen passieren – über die wertvollen Schriftstücke wachen die allegorischen Darstellungen der vier klassischen Universitätsfakultäten: Philosophie, Theologie, Rechtswissenschaften und Medizin. Hoch über der über eine Wendeltreppe erreichbaren Galerie prangt ein Deckenfresko von Paul Troger. Der bekannte österreichische Barockmaler schuf zu seinen Lebzeiten zahlreiche Fresken in Sakralbauten im ganzen Land, seine berühmtesten Werke befinden sich im Stift Melk. Nicht nur die als von Engeln umringte Darstellung der göttlichen Weisheit an der Decke des Bibliothekssaals stammt von ihm, auch der im gegenüberliegenden Gebäudetrakt liegende Marmorsaal trägt seine Handschrift. Die Globen in den Fensternischen verweisen zusätzlich auf die Kombination aus weltlichem und spirituellem Wissen, das sich im Inneren der Bibliothek wiederfindet.

Dass es auch in einer historischen Bibliothek immer wieder Neues zu entdecken gibt, beweist eine Begebenheit aus den späten 90er-Jahren des 20. Jahrhunderts, als zufällig eine fast 700 Jahre alte, in eine spätmittelalterliche Handschrift eingebundene Abschrift des Nibelungenliedes entdeckt wurde. Das älteste Stück der Melker Sammlung ist dagegen noch einige hundert Jahre älter als die Abschrift des spätmittelalterlichen Epos: Eine im 9. Jahrhundert entstandene Abschrift der Werke des Benediktiners Beda Venerabilis ist das älteste Buch der Melker Sammlung.

Während Besucher den großen Saal sowie den daneben liegenden kleinen Bibliotheksraum besichtigen können, sind die übrigen Räume dem Studium vorbehalten. Die vornehmlich in Latein und Deutsch, aber auch in 13 weiteren Sprachen vorhandenen Bücher und Schriften werden sowohl von den Mönchen wie auch von Forschern und Wissenschaftlern genutzt. Ausleihen kann man sich die wertvollen Bände jedoch nicht, sind sie doch aufgrund ihres Alters äußerst empfindlich und müssen mit größter Vorsicht behandelt werden.

Das Museum

Um Wissen dreht sich auch innerhalb der Südseite des Gebäudes alles: Hier hat das Museum Platz gefunden. Bevor man es jedoch betritt, durchquert man zwei weitere Höhepunkte der an solchen nicht gerade armen Anlage des Stiftes Melk: Die Kaiserstiege und der Kaisergang, zu dem sie emporführt, haben ihren Namen nicht von ungefähr. Schon damals besaßen Klöster üblicherweise einen Gästetrakt mit Zimmern, in denen sich müde Pilger ausruhen konnten. Auch der Kaiser und andere Mitglieder des Hochadels kamen mitsamt ihrem riesigen Gefolge mitunter an Melk vorbei, und weil es in der kleinen Gemeinde an ausreichend großen und vor allem standesgemäßen Unterkünften fehlte, wurden die noblen Herrschaften im ersten Stock des Südtraktes untergebracht.

Der fast 200 Meter lange Kaisergang, der sich bis zum Marmorsaal am Westende der Anlage über die ganze Länge des Gebäudeteils erstreckt, zeigt heute Porträts aller österreichischen Herrscher aus den Familien der Babenberger und Habsburger. Einige von ihnen sind vor vielen Jahren selbst durch den Gang geschritten. Der Marmorsaal diente früher als Fest- und Speisesaal und zählt zu den opulentesten Räumen des gesamten Stiftes, der Name führt jedoch in die Irre. Denn nur die Türrahmen und ihre Aufsätze sind aus echtem

Marmor, die Wände dagegen aus Stuckmarmor, einem bedeutend günstigeren, wenn auch in der Herstellung nicht weniger aufwendigen Material. Den Saal überzieht erneut ein Deckenfresko von Paul Troger, das inhaltlich in Verbindung zur Malerei auf der Decke der Bibliothek steht. Während dort die göttliche Weisheit dargestellt ist, ist es im Marmorsaal jene des Menschen, die in Gestalt der griechischen Göttin Pallas Athene auftritt, neben der der Halbgott Herkules zu sehen ist. Mit dessen Auftauchen sollte dem Habsburger Kaiser Karl VI gehuldigt werden, der zur Zeit der Errichtung des Saales regierte und sich der Überlieferung nach besonders mit dem Herkulesmythos identifizierte.
Die Zimmer rund um den prächtigen Saal, in denen die Herrscher einst residierten, dienen heute zu einem Teil als Büros und Sitz der Verwaltung, die meisten von ihnen sind nunmehr jedoch das Zuhause der zahlreichen Kunstwerke und Exponate, die das Stift über die Jahrhunderte angesammelt hat.

Es ist ein beeindruckender Bestand von religiösen Devotionalien aus fast 1000 Jahren, den es hier zu bestaunen gibt, vom Tragaltar aus dem 11. Jahrhundert über die Altarbilder Jörg Breus bis zur barocken Skulptur. Das wertvollste Stück unter ihnen ist das Melker Kreuz. Das aus vergoldetem Silber gefertigte Kreuz ist über und über mit Edelsteinen und Perlen besetzt und verbirgt in sich jenen unbezahlbaren Schatz,

der dem Stift schon im 11. Jahrhundert geschenkt wurde: eine Partikel vom Kreuz Christi. Das Melker Kreuz wurde im späten 14. Jahrhundert gewissermaßen um die Kreuzpartikel herum gebaut und hat eine abenteuerliche Geschichte hinter sich. Zweimal wurde es bereits gestohlen, fand aber auf beinahe zauberhafte, jedenfalls nicht mehr vollständig rekonstruierbare Weise jedes Mal seinen Weg zurück nach Melk. Das Original ruht meist in der Schatzkammer des Stiftes, wird jedoch für Ausstellungen hin und wieder aus seiner sicheren Verwahrung geholt und der Öffentlichkeit präsentiert. Ähnlich bedeutsam für die Ordensbrüder ist auch die vergoldete Kolomanimonstranz, deren Form auf die Legende rund um den Heiligen Koloman zurückgeht. Dieser soll im 11. Jahrhundert schon kurz nach seiner Verhaftung als Spion, für den man den irischen Pilger hielt, an einem Holunderstrauch gehängt worden sein. So hat die Monstranz die Form eines blühenden Holunderstrauches und verfügt über ein weiteres, für heutige Besucher oftmals befremdliches Detail: In ihrer Mitte werden der Unterkiefer sowie ein Zahn des Heiligen aufbewahrt, eine besondere Form der Heiligenverehrung, die gerade zur Zeit des Barock üblich war.

Während in den Prunkräumen des Museums die Dauerausstellung Platz gefunden hat, die sich auf kreative und moderne Art und Weise mit der Rolle der Kirche in Geschichte,

Gegenwart und Zukunft beschäftigt, bleibt die Ausstellung einen Stock höher den Naturwissenschaften vorbehalten. Hier ruhen hinter Glasschaukästen und Vitrinen aus dem 19. Jahrhundert die Mineralien, auf deren Sammlung sich das Stift schon seit über 200 Jahren versteht. Rund 1200 Arten und Varietäten sind inzwischen in dem Saal ausgestellt, der einst als Privatbibliothek des Abtes genutzt wurde. Die eigentliche Sammlung ist sogar noch viermal so groß.

Calcit
Calcit

Der Stiftspark

Üblicherweise verfügen Bauwerke aus der Zeit des Barock nicht nur über jene Details, die man an Kirche und Gebäudetrakten des Stiftes Melk erkennt, auch ihre Außenanlagen sind meist unverkennbar. Von Frankreich aus eroberten im späten 17. Jahrhundert symmetrisch angelegte Parkanlagen, in denen jeder Strauch und jeder Grashalm in Reih und Glied angeordnet war, Europa. Noch heute kann man sie in herrschaftlichen Häusern von Versailles bis Schönbrunn bewundern. So wurde auch im Zuge der Errichtung des Neubaus in Melk ein großzügiger Park mitgeplant, der inzwischen wieder in seiner ursprünglichen Form gedeiht und einige Besonderheiten aufweist – große wie kleine.

Ein Ort für die Sinne

Dass auf dem Granitfelsen, der den Untergrund des Stiftes bildet, überhaupt ebene Flächen existieren, dürfte Einiges an Arbeit gekostet haben, als die Neuerrichtung des Stiftes

im Jahr 1702 in Angriff genommen wurde. So wurde der Park auf drei Ebenen angelegt und die Fläche auf der untersten zum Pavillon hin aufgeschüttet, damit sich von diesem ein unverstellter Ausblick Richtung Donau bietet.
Der Bau des Pavillons begann nach der Fertigstellung des neuen Stiftes im Jahr 1747. Während Josef Munggenast der Nachfolger und Mitarbeiter Prandtauers beim Barockbau des Stifts gewesen war, zeichnete für den Gartenpavillon Franz Munggenast, Josefs Sohn, verantwortlich. Im Inneren durfte sich der Maler Johann Wenzel Bergl nach Fertigstellung des Gebäudes regelrecht austoben. Im großen Saal zeigen die Fresken über den Türen die fünf Sinne in allegorischer Darstellung und erklären so auch den Zweck des Pavillons: Es sollte ein Ort für den Aufbau und die Erholung der Sinne sein. Im Zentrum des Deckenfreskos steht die Sonne, an den vier Längsseiten des Raumes finden sich fantasievolle und detailreiche Darstellungen der zur damaligen Zeit bekannten vier Kontinente Europa, Amerika, Afrika und Asien. In den Nebenräumen widmete sich der Maler der Entdeckung Amerikas und der Natur: Vom Boden bis zur Decke ranken sich exotische Pflanzen empor und kann man Tiere aus aller Welt – einige davon nicht ganz realitätsnah, aber umso unterhaltsamer dargestellt – entdecken. Wie auch in der Bibliothek verweisen die Malereien hier zusätzlich auf den Zweck der Räumlichkeiten – im Nebenraum sind Karten

spielende Engel neben der Glücksgöttin Fortuna zu sehen, der Raum dürfte also für Freizeitaktivitäten und Spiele genutzt worden sein.

Nach Fertigstellung von Pavillon, Fresken und Außenanlagen, in deren Verlauf unter anderem auch die Lindenallee gepflanzt wurde, deren jahrhundertealte Exemplare zum Teil noch heute zu bewundern sind, blieb der Park aber nicht lange unverändert. Schon rund 50 Jahre später wurde er neueren Trends angepasst. Statt der für Barockgärten üblichen geometrischen Gestaltung und akkurat geschnittenen Hecken bewegte sich der Zeitgeist nun eher in Richtung des Stils englischer Landschaftsgärten, die naturnäher und »wilder« sein durften. Ein Park sollte demnach auch Rückzugsräume bieten. So wurde der Garten entsprechend umgestaltet und das kleine Paradies von den Patres in den folgenden 100 Jahren als Ort der Ruhe, des Zur-Ruhe-Kommens und der Kontemplation genutzt.

Als der Zweite Weltkrieg über Europa fegte und das Stift in wirtschaftliche Not geriet, gab man die Pflege der Anlage auf, zu kostspielig und arbeitsintensiv war die Instandhaltung der Fläche, die in ihren Ausmaßen exakt jener des verbauten Geländes entspricht. So verwilderte der Garten zusehends, nur einmal jährlich wurden Grünpflanzen eher notdürftig geschnitten, die zahlreichen für die Barockarchitektur so wichtigen Blickachsen und Verbindungen überwucherten.

Das Paradies im Garten

Erst 1996 fiel der Startschuss für die Revitalisierung der Parkanlage, im Zuge derer man das alte Wegsystem wiederherstellte und sämtlichen barocken Elementen vom kleinen Rundpavillon bis zur alten Ziegelrampe neues Leben einhauchte. Seit dem Jahr 2000 ist der Park für Besucher zugänglich. Daran gearbeitet wurde aber noch ein Jahrzehnt länger, denn es galt, ein besonders ambitioniertes Projekt umzusetzen, das heute eine wichtige Ressourcenquelle des Stiftes ist: das Paradiesgärtlein.

Dieses setzt Lehren eines der ältesten Bücher über Botanik und Gartenkunst um, dem *Hortulus* genannten *Liber de cultura hortorum*, also dem *Buch über die Pflege der Gärten*. Verfasst wurde es um das Jahr 840 von dem Benediktinermönch und Botaniker Walahfried Strabo, der sich darin in Versform den Merkmalen, Heilkräften und Verwendungsmöglichkeiten verschiedener Pflanzen eines Klostergartens widmete. Über die Fläche des Nutzgartens verteilen sich heute 22 Beete, jedem von ihnen ist ein Kapitel aus Strabos Werk und damit auch eine bestimmte Pflanzengruppe zugeordnet. So wachsen im Paradiesgarten heute rund 250 Pflanzen in rein biologischem Anbau ohne die Zuhilfenahme chemischer Dünger oder Pflanzenschutzmittel. Jene, die nicht als Blumen-

schmuck im Inneren des Klosters oder in der Küche verarbeitet werden, reisen nach der Ernte in ein Benediktinerstift am Wolfgangsee, wo daraus Kräuterlikör und andere wohlschmeckende Erzeugnisse gewonnen werden.

Neben dem Paradiesgärtlein sind auch andere Bereiche des Parks thematisch aufgebaut. So finden sich sowohl ein orientalischer wie auch ein mediterraner Garten, der Pflanzen aus dem Mittelmeerraum beheimatet, die auch biblische und theologische Symbolik in sich tragen – auf dem Hang, der Paradiesgarten und »Wüste« verbindet, wachsen etwa Feigenbäume und Weinstöcke. Eine Palme dient als Endpunkt einer wichtigen Blickachse, die sich als gedachte Linie quer durch die ganze Klosteranlage bis zum Kolomanialtar in der Kirche zieht. Dort verweist die Inschrift »Der Gerechte möge gedeihen wie eine Palme« auf das Gewächs am anderen Ende des Stiftes.

Wer sich auf einen Spaziergang durch den Stiftspark begibt, begegnet dort immer wieder auch modernen Kunstwerken und Skulpturen. Jede von ihnen hat ihre eigene Bedeutung und Geschichte, ihre prominente Platzierung inmitten der Grünflächen zeigt aber vor allem das Streben des Stiftes, der Patres und der Verwaltung, ihren Lebensraum im 21. Jahrhundert zu verankern.

Könnten die Bestandteile des Stiftes Melk Geschichten erzählen, hätten sie eine Menge zu berichten – von Eroberungen und Kämpfen, von Tragödien und Rückschlägen, von Triumphen und Wandlungen, vom ständigen Auf und Ab der Historie. Aber auch vom unermüdlichen Bestreben der Benediktinermönche, ihr Zuhause an der Donau zu schützen und erlebbar zu machen, von der Hingabe der Baumeister und Arbeiter, und von der niemals endenden Aufgabe, die Handwerkskunst vergangener Tage für zukünftige Generationen zu bewahren. Und vielleicht auch von der höheren Macht, die dafür gesorgt hat, dass das Stift Melk auch über 900 Jahre nach seiner Gründung ein Monument für Glaube und Geist, Schönheit und Kultur, Wissen und Weisheit ist.